SÁVIO BITTENCOURT

# NOVENA DA TRANSFORMAÇÃO PESSOAL

## 9 DIAS DE ORAÇÃO PARA MUDAR SUA VIDA

Direção editorial:
Pe. Fábio Evaristo Resende Silva, C.Ss.R.

Coordenação editorial:
Ana Lúcia de Castro Leite

Copidesque:
Luana Galvão

Revisão:
Cristina Nunes

Diagramação e capa:
Marcelo Tsutomu Inomata

Textos bíblicos: *Bíblia de Aparecida*, Editora Santuário

**Dados Internacionais de Catalogação na Publicação (CIP)**
**(Câmara Brasileira do Livro, SP, Brasil)**

Bittencourt, Sávio
Novena da transformação pessoal: 9 dias de oração para mudar sua vida / Sávio Bittencourt. – Aparecida, SP: Editora Santuário, 2016.

ISBN 978-85-369-0438-2

1. Literatura devocional 2. Novena 3. Orações 4. Religiosidade 5. Transformação pessoal I. Título.

16-03525 CDD-242.76

**Índices para catálogo sistemático:**
1. Novena: Orações: Literatura devocional
242.76

3ª impressão

Rua Pe. Claro Monteiro, 342 – 12570-045 – Aparecida-SP
Tel.: 12 3104-2000 – Televendas: 0800 0 16 00 04
www.editorasantuario.com.br
vendas@editorasantuario.com.br

Aos amigos e bons pastores,
Padre Medoro de Oliveira Souza Neto,
teólogo, filósofo e transformador do mundo,
meu compadre;

Padre Edilson Medeiros de Barros,
jovem vocacionado e talentoso,
que tem a sabedoria de um avô,
meu amigo do peito;

Padre Casemiro Pac,
polonês, que escolheu o Brasil
para semear a simplicidade do amor,
meu irmão.

# NOVENA PARA UMA NOVA VIDA

Uma mudança, para melhor, em sua vida. Esse é o objetivo desta novena: permitir que, por meio da criatividade e da fé, você se transforme em uma pessoa mais satisfeita consigo, mais feliz. Sua elaboração seguiu um modelo que permitirá uma profunda reflexão sobre sua vida, seguida de ações e exemplos de Jesus Cristo, Nossa Senhora e São José, a Sagrada Família, e de Santos que podem inspirar novos comportamentos positivos e renovadores.

Essa é a lógica deste trabalho. Permitir que a fé se aprofunde, fazendo surgir uma confiança pacífica e permanente em Deus. Esta fé fortalecida será a base da criação das condições para que a vida se transforme. Seja na vida afetiva, na profissão, nas finanças, na relação familiar, no casamento, na saúde, na vida comunitária, temos sempre a possibilidade de nos aperfeiçoar. Somos seres em formação. Estamos permanentemente mudando, mas nem sempre evoluindo. A desesperança, a cobiça, a vaidade desmedida, o egoísmo, a inveja, o medo e a falta de fé são ocorrências comuns, que nos afastam da felicidade. Com o passar dos anos, se damos a interpretação errada aos acontecimentos da vida, se preterimos os valores mais importantes, vamos definhando espiritualmente e nos afastando de nosso caminho.

Assim, você está convidado a mergulhar na fé e meditar sobre seu comportamento. A fé remove montanhas. E, quando ela realmente existe, acaba se manifestando também nas ações da pessoa que crê. A dimensão espiritual se entranha no modo de viver do cristão, determinando atitudes compatíveis com aquela crença. Se a crença é na existência de um Deus de amor, a fé se manifesta na vivência deste amor, no plano espiritual, racional e nas ações da pessoa no cotidiano.

Uma fé que não tem consequências práticas, que não se manifesta pelas atitudes, parece não existir.

Dessa forma, é necessário provocar novas ações-reflexões – para usar uma célebre expressão do pedagogo Paulo Freire –, que, pelo pensamento crítico sobre nosso próprio comportamento, permitam atitudes renovadas, coerentes com nossa crença e nossos valores.

Por que uma novena? Porque é da tradição do catolicismo esse tipo de louvor, direcionado a pedir a intervenção de algum Santo para a obtenção de alguma graça. Essa tradição tem profundas raízes culturais no Brasil, e sua prática muito tem colaborado para a divulgação do Evangelho e para o fortalecimento do culto aos Santos e a Nossa Senhora. A novena representa um compromisso do católico com sua fé e sua devoção. Rezar e meditar por nove dias consecutivos torna-se um esforço concentrado, uma entrega. Esse formato de oração continuada é propício à meditação mais detalhada e contínua. Por isso a novena foi escolhida como o formato ideal para que as propostas de transformações positivas possam alcançar sua vida.

Assim, serão nove dias de oração, cada um motivado por um tema fundamental para a vida: ALEGRIA, SEGURANÇA, PERDÃO, HUMILDADE, CARIDADE, TALENTO, ABUNDÂNCIA, SAÚDE E AMOR. Em cada um deles haverá menção de textos bíblicos, seguidos de comentários, que incluirão citações de autores, pensadores e teólogos para auxiliar na meditação sobre o tema daquele dia e sua repercussão em sua vida. Para encerrar a novena, uma prece especial e uma ação concreta, recomendada para introduzir em seu cotidiano uma prática transformadora. A dimensão espiritual se faz por meio desta oração derradeira, somando-se à sugestão de uma prática humana renovada.

Agradeço a inspiração deste trabalho a Nossa Senhora da Conceição Aparecida. Agradeço, sobretudo, todas as graças alcançadas.

Tento aqui, humildemente, retribuir esta benevolência. Espero que as transformações em sua vida, amigo leitor, sejam tão milagrosas e benéficas quanto as que, pela graça de Deus, eu pude usufruir.

Vamos com fé!

## 1º dia

# ALEGRIA

### *I. Saudação*

Hoje é dia de Deus em minha Vida! Recebo este dia como uma dádiva, uma joia rara, para que eu possa dar mais um passo na direção da paz e do amor. Saúdo essa existência maravilhosa com gratidão! Deus me quer aqui, e agora e eu faço parte de seu plano para me tornar melhor e, tornando-me melhor, ajudar a transformar o mundo. Respiro fundo. Sinto a vida entrando em meus pulmões e me enchendo de energia positiva. Sorrio com confiança. Estou preparado para receber as bênçãos de Deus e desempenhar meu papel em seu plano! Sinto a alegria eletrizante que esta filiação divina me traz. Ele me adotou amorosamente e zela pelos meus caminhos, enquanto eu escolho os passos que dou. Dou graças por tudo ser assim!

## 2. *Meditação (Sl 126)*

Quando Javé trouxe de volta os cativos de Sião, parecíamos sonhar.

Então nossa boca transbordava de sorrisos e nossa língua cantava de alegria.

Então se comentava entre as nações: "Javé fez por eles maravilhas".

Maravilhas Javé fez por nós, encheu-nos de alegria.

Trazei de volta, Javé, nossos cativos como as torrentes do Negueb.

Quem semeia entre lágrimas colherá com alegria.

Quando vai, vai chorando, levando a semente do plantio; mas quando volta, volta alegre, carregando seus feixes.

"Maravilhas Javé fez por nós, encheu-nos de alegria." Abrimos hoje nossa novena com o tema "alegria". Nada mais apropriado ao católico que celebrar sua condição de privilegiado filho de Deus. Acordar, levantar, trabalhar, alimentar-se, conviver com as pessoas queridas, estudar, rezar, descansar, todas as ações de nossa vida são mais dedicadas a Deus quando são feitas com alegria. A alegria expressa minha gratidão pelas coisas boas de que usufruo e pela esperança na ação de Deus em minha vida, para modificar o que deve ser aperfeiçoado. A alegria é uma opção. Posso escolher ser alegre, mesmo em meio às atribulações, porque estou acompanhado por Deus, que me ampara, restaura-me as forças, ilumina-me os passos. Alegria atrai alegria e forma uma corrente de acontecimentos e encontros maravilhosos.

### *3. Leitura (Fl 4,4-8)*

Alegrai-vos sempre no Senhor! Mais uma vez eu digo: alegrai-vos! Vossa bondade seja conhecida de todos. O Senhor está próximo! Não vos inquieteis com nada, mas em toda necessidade apresentai a Deus vossos pedidos com orações, súplicas e ações de graças. E a paz de Deus, que ultrapassa toda compreensão, guardará vossos corações e vossos pensamentos, em Cristo Jesus. Enfim, irmãos, ocupai-vos com tudo o que há de verdadeiro, nobre, justo, puro, amável, louvável, virtuoso e recomendável. Ponde em prática o que aprendestes, recebestes, ouvistes e observastes em mim. Então o Deus da paz estará convosco.

"Alegrai-vos sempre no Senhor! Mais uma vez eu digo: alegrai-vos!" São Paulo nos traz dois conselhos muito ricos: em tudo devemos estar alegres, porque Deus nos guarda em Jesus Cristo, e só o que existe de bom e positivo deve habitar nossa mente. Não precisamos compreender como Cristo agirá em nossa proteção, mas apenas **confiar**. Não é necessário perder tempo com preocupações inúteis ou elucubrações cansativas, que roubam nossa energia e nos drenam a preciosa alegria. Esta é a receita: eu tenho o livre arbítrio e escolho pensar nas coisas boas. Simplesmente substituo os pensamentos derrotistas, agressivos, vingadores, desagradáveis e indesejáveis por outros, inspirados na paz de Cristo. Mergulho em um silêncio restaurador e resgato a alegria que sempre vive, em fonte inesgotável, no fundo do meu coração.

### *4. Evangelho (Mt 2,9-11)*

> Depois de ouvir essas palavras do rei, os Magos partiram. E a estrela, que viram no Oriente, ia caminhando à frente deles, até que parou sobre o lugar onde estava o menino. Ao verem a estrela, sentiram uma alegria muito grande. Eles entraram na casa e viram o menino com Maria, sua mãe. E caindo de joelhos o adoraram. Abriram seus cofres e lhe deram de presente ouro, incenso e mirra.

"Ao verem a estrela, sentiram uma alegria muito grande." Antes do encontro com Jesus, é necessário que percebamos os sinais que Deus nos manda para que achemos a direção certa. Os magos seguiram a estrela com fé.

Quantas estrelas estão passando agora em minha vida e, por comodismo ou por medo, estou deixando de segui-las? Preciso reconhecer esses sinais e sentir a grande alegria que os magos experimentaram ao verem a estrela que os levaria a Jesus. A alegria de ser sustentado em minhas ações por Deus me dá coragem e fé. A alegria me contagia porque vejo os sinais de Jesus em minha vida. Ao seguir essa estrela, eu me encontrarei com a fé em Nossa Senhora e com o Menino Jesus em seu colo e poderei ofertar todo o meu tesouro, que é minha existência.

### *5. Prece*

Nossa Senhora da Conceição Aparecida! Mãe amorosa de Jesus! Suplico sua intercessão para a concessão de uma graça muito especial: que minha alegria seja constante e sincera e que meu coração floresça em felicidade, estampada em sorrisos testemunhando minha fé! Que minha paz interior domine meus pensamentos e que só o que há de bom habite minha mente! Que eu consiga evangelizar pelo exemplo de alegria, que contagia e atrai as pessoas para a boa-nova!

*Rezar um Pai-Nosso e uma Ave-Maria.*

Peço isso, ó Mãe, em nome do Pai, do Filho e do Espírito Santo. Amém.

## *6. Para mudar a vida*

O livre-arbítrio que possuo é um dom de Deus. Posso escolher ser alegre e o faço agora, como exercício diário de amor à vida. Essa alegria me traz energia para grandes sonhos e coragem para as ações necessárias para empreendê-los. Com a força deste sentimento positivo, não sou mais refém do passado, chorando pelo leite derramado. Também sou livre do futuro, que não me preocupa mais, porque o lanço nas mãos de Deus, que cuida de mim. Faço minha parte no agora, que é meu momento único em que posso me sentir vivo e livre para ser feliz!

## 2º dia

# SEGURANÇA

### *I. Saudação*

Hoje é dia de Deus em minha vida! Ele me protege, guia-me, ilumina os caminhos. Sua tutela me deixa tranquilo, como uma criança de colo se sente nos braços de um pai carinhoso! Meu livre arbítrio, que é um talento de Deus, é uma dádiva: posso decidir meus passos, escolher o caminho. Só eu posso fazer isso e assumir as responsabilidades e consequências de cada escolha. Escolho sua proteção! Escolho a estima pela Palavra! Escolho o amor! Sinto sua presença, percebendo que os acontecimentos têm um significado especial e me ensinam muito. Posso agora assumir as melhores posturas, sem medo, porque me atiro aos braços deste Pai amoroso, que me acolhe, compreende e perdoa. Dou graças por isso ser assim!

## 2. *Meditação (Sl 143)*

Para vós, Senhor, estendo minhas mãos, como a terra seca anseio por vós.

Respondei-me sem demora, pois desfalece meu espírito.

Não me escondais vosso rosto, para eu não ser como os que descem ao sepulcro.

Pela manhã, fazei-me sentir vossa misericórdia, pois em vós confio.

Indicai-me a estrada que devo seguir, porque a vós elevo minha alma.

Salvai-me de meus inimigos, Javé; em vós busco refúgio.

Ensinai-me a cumprir vossa vontade, porque sois meu Deus.

Vosso espírito bom me guie por uma terra plana.

Por amor de vosso nome, ó Javé, fazei-me viver, por vossa justiça, tirai-me da angústia.

Em vossa misericórdia, exterminai meus inimigos e aniquilai todos os meus adversários, pois sou vosso servo.

"Indicai-me a estrada que devo seguir, porque a vós elevo minha alma." Nem sempre sabemos o caminho a seguir, principalmente se estamos pressionados por tribulações. Mas podemos optar pela intervenção de Deus em nossa vida, clamando por ela. A dúvida sobre uma decisão a ser tomada pode paralisar nossa reação aos problemas e nos deixar prostrados. A dúvida é o cupim da existência. Mas como ter segurança para agir? Como enfrentar desafios que nos parecem tão ameaçadores?

Hoje meditamos sobre a SEGURANÇA. Todas as dúvidas, problemas e ameaças simplesmente desaparecem quando permitimos que Deus aja em nossas vidas e exerça sua proteção. O Padre Marcelo Rossi costuma dizer que devemos colocar nossos problemas no "colo" de Jesus. Mais que isso, diz que precisamos nos fazer crianças e nos colocar no "colo" de Jesus para usufruir de seu carinho protetor.

### *3. Leitura (Hb 11,1-3.32-34)*

A fé é a realidade dos bens esperados, a prova das coisas que não se veem. Foi graças a ela que os antigos obtiveram um belo testemunho. Pela fé compreendemos que os mundos foram formados por uma palavra de Deus, de modo que o que se vê provém do que não é visível. E que mais direi? Pois me faltaria o tempo se fosse contar o que se refere a Gedeão, Barac, Sansão, Jefté, Davi, Samuel e os profetas. Pela fé, eles conquistaram reinos, exerceram a justiça, obtiveram o cumprimento das promessas, fecharam a boca dos leões, extinguiram a violência do fogo, escaparam do fio da espada, estando doentes recuperaram as forças, mostraram valentia na guerra, repeliram invasões estrangeiras.

"A fé é a realidade dos bens esperados, a prova das coisas que não se veem." Segurança é uma dádiva da fé. A insegurança, por sua vez, vem do desespero de não se ter fé. Crer que Jesus Cristo está nos abraçando e livrando de todo mal é a verdadeira blindagem emocional contra todas as ameaças e ocorrências. A fé nos livra do passado já vivido, de suas imperfeições e do futuro desconhecido, porque ela nos transforma em privilegiados filhos de Deus. Todos somos filhos de Deus, mas aqueles que creem usufruem de sua paz de forma constante. Quando o infortúnio bate à porta, podemos decidir dar um mergulho na fé. Como se estivesse em uma piscina em dia de verão, sinto-me completamente cercado do frescor renovador de Jesus ao me jogar em seus braços, que, como escreveu Gregório de Matos, para punir-me estão pregados, mas para receber-me estão abertos.

### *4. Evangelho (Lc 11,1-4.9-10)*

Jesus estava rezando em certo lugar. Quando terminou, disse-lhe um de seus discípulos: "Senhor, ensina-nos a rezar, como João ensinou a seus discípulos". E ele lhes falou: "Quando rezardes, dizei: 'Pai, santificado seja vosso nome; venha vosso Reino. Dai-nos cada dia nosso pão cotidiano. E perdoai-nos nossos pecados, porque também nós perdoamos a todo nosso devedor. E não nos deixeis cair em tentação'". Pois bem, eu vos digo: Pedi e vos será dado; buscai e achareis; batei e vos será aberto. Pois todo aquele que pede recebe; quem procura encontra; e ao que bate se abre".

"Pedi e vos será dado; buscai e achareis; batei e vos será aberto." A segurança é a fonte da estabilidade emocional que nos permite evoluir. Em uma sociedade permanentemente mutante está seguro aquele que confia na promessa de Jesus Cristo. Os homens de todas as gerações receberam a prerrogativa de pedir e buscar seus propósitos em comunhão com Deus. Pode haver segurança maior que esta? Uma parceria entre o homem e Deus, infalível.

A simplicidade do Pai-Nosso é a prescrição de Jesus para nós: sem rebuscamentos e exageros, temos a oportunidade de pedir o que é essencial e sermos contemplados por sua generosidade. Quando dizemos, em oração, "livrai-nos do mal", estamos acionando a força infinita de Deus a nosso favor. Dito isso com fé, o pedido por segurança tem pleno atendimento, e a Paz de Cristo se assenhora de nosso coração.

### *5. Prece*

Nossa Senhora da Defesa! Mãe protetora de Jesus! Peço sua intercessão para a concessão de uma graça importante: que eu possa sentir total segurança em todos os passos de minha vida, permitindo que eu evolua com desenvoltura e tranquilidade! Que minha fé permita que meus pedidos sejam atendidos por Deus! Que a simplicidade de minha oração testemunhe minha comunhão com os propósitos divinos e abram meus caminhos!

*Rezar um Pai-Nosso e uma Ave-Maria.*

Peço isso, ó Mãe, em nome do Pai, do Filho e do Espírito Santo. Amém.

### *6. Para mudar a vida*

Respiro fundo e me sinto abençoado, abraçado por Jesus. Sigo meu caminho com fé e testemunho os livramentos que recebo, por meio da orientação divina. Percebo que o medo advém da falta de fé e, com simplicidade, posso rogar a Deus por sua proteção. A fé é maior que o medo. A tribulação e a constante mudança do mundo já não mais me afetam. Tenho um escudo protetor e uma força sobrenatural que me sustenta e me impele para novos horizontes, prósperos, seguros e harmoniosos.

# 3º dia

# PERDÃO

### *I. Saudação*

Hoje é dia de Deus em minha vida! O Deus de amor e perdão, que releva minhas faltas e me ampara na subida! Aproximo-me sem temor de sua mesa, porque me sinto acolhido e amado. O perdão é uma bênção. Meus pecados, minhas mesquinharias, meus probleminhas inventados desaparecem ao toque generoso de Deus. Tudo vira pó. Só resta a infinita disposição para amar e ser amado! Esse perdão que recebo é maravilhoso! Tão maravilhoso quanto o perdão que eu dou ao que me magoou. Perdoar deixa a alma leve e o peito livre para sentir e viver coisas positivas, sentimentos construtivos. Meu perdão me salva do peso do ressentimento e da cangalha do ódio. Tudo isso desaparece agora.

Todos os acontecimentos têm seu sentido e seu encanto. Assumo o compromisso de viver o perdão em sua plenitude e me atirar leve e solto em novas vivências amorosas, redentoras, pelas mãos de Deus. Dou graças por isso ser assim!

## 2. *Meditação (Sl 130)*

Do profundo abismo clamo a vós, Javé: Senhor, escutai minha voz!

Sejam atentos vossos ouvidos à voz de minhas súplicas.

Se considerais as culpas, Javé, Senhor, quem poderá resistir?

Mas em vós se encontra o perdão, para que sejais temido.

Espero em Javé, minha alma espera, confio em sua palavra.

Minha alma anseia pelo Senhor mais que as sentinelas pela aurora,

sim, mais que as sentinelas pela aurora.

Israel, põe em Javé tua esperança; porque em Javé está a misericórdia

e nele copiosa redenção.

"Porque no senhor há misericórdia, e nele há abundante redenção." A primeira providência ao se meditar sobre o perdão é admitir que todos nós precisamos pedi-lo. É necessário que se tenha humildade para um olhar autocrítico sincero e ver o que deve ser mudado em nosso comportamento, para que vivamos com mais harmonia. Não temos razão sempre. É nosso dever abrir mão de nosso orgulho para achar os erros que cometemos nas atribulações da vida.

O segundo passo, após esse exame de consciência, é vestir as sandálias da humildade e se prostrar diante de Deus, para suscitar seu perdão. Encontraremos nele um pai amoroso e sereno, satisfeito com nosso retorno. Somos seres em construção permanente, não estamos prontos. Erramos com frequência, mas podemos recorrer à misericórdia divina e demonstrar nossa vontade de aprender e superar os erros.

### *3. Leitura (At 2,38-42)*

Disse Pedro: "Arrependei-vos e cada um procure receber o batismo em nome de Jesus Cristo, para a remissão de vossos pecados; e assim recebereis o dom do Espírito Santo. Porque é para vós a promessa, como também para vossos filhos e para todos os que estão longe, para quantos forem chamados pelo Senhor nosso Deus". E com muitas outras palavras dava testemunho e exortava-os, dizendo: "Salvai-vos desta geração perversa!" Os que aceitaram sua palavra receberam o batismo. E, naquele dia, uniram-se a eles umas três mil pessoas. Eles perseveravam na doutrina dos apóstolos, na vida em comunidade, na fração do pão e nas orações.

"Cada um procure receber o batismo em nome de Jesus Cristo, para a remissão de vossos pecados; e assim recebereis o dom do Espírito Santo." O chamamento de Jesus é um mantra do perdão. Aqueles que aderirem a este projeto, testemunhando com sua vida a fidelidade ao amor cristão, receberão o dom do Espírito Santo. Deus nos converte e nos confere talentos e poderes para contribuirmos para a construção de um novo mundo, mais fraterno e amoroso. O perdão está no cerne dessa missão, que nos é conferida pelo Paráclito, por meio de capacidades exclusivas que cada um de nós recebe.

O perdão nos mantém despertos. O ressentimento é um ópio nocivo, que nos tira o discernimento e camufla o caminho que nos leva a Deus. A felicidade só é completa quando viajo sem a pesada bagagem do ódio e da vingança. Só podemos descobrir nossos talentos pessoais e atingir a plenitude, quando nosso coração está em paz, sem a mácula dos sentimentos menores. Só o perdão nos torna aptos a buscar a face de Deus.

### *4. Evangelho (Lc 17,1-60)*

Disse Jesus a seus discípulos: "É inevitável que venham os escândalos; mas ai daquele que os provoca! Seria melhor para ele que lhe amarrassem ao pescoço uma pedra de moinho e o atirassem ao mar do que escandalizar um só destes pequeninos! Tomai cuidado! Se teu irmão pecar, repreende-o; e se ele se arrepender, perdoa-lhe. E se pecar sete vezes no dia contra ti e sete vezes vier a ti, dizendo: 'Estou arrependido', perdoa-lhe". Os apóstolos disseram ao Senhor: "Aumenta nossa fé!" Ele respondeu: "Se tivésseis uma fé do tamanho de uma semente de mostarda, poderíeis dizer àquela amoreira: 'Arranca-te e vai plantar-te no mar', e ela vos obedeceria".

"Se teu irmão pecar, repreende-o; e se ele se arrepender, perdoa-lhe." Perdoar é sinal de inteligência. O não perdoar nos prende a comportamentos em que acabo por dar excessiva importância àquele que me ofendeu. Fico remoendo o passado e mantendo-me refém voluntário do ofensor, porque me ocupo exageradamente com o ocorrido. O passado é irreversível. A forma de se lidar com ele é que vai definir se seremos livres ou escravos. Optando pela liberdade, perdoo e sigo em frente para novas obras e realizações.

Perdoar não significa ser omisso. Podemos defender o posicionamento cristão diante das circunstâncias, não sendo necessário que nos amiguemos ao pecado, concordando com o erro alheio. Todavia, diante do arrependimento, nossa missão é perdoar e nos livrar do lixo emocional gerado pela raiva. Perdoar faz bem para o outro, mas faz melhor para quem perdoa.

### *5. Prece*

Nossa Senhora da Paz! Mãe carinhosa de Jesus! Peço sua intercessão para a concessão de uma graça fundamental: que eu possa viver todos os dias o perdão! Que a minha oração do Pai-Nosso seja verdadeira quando eu disser "perdoai as minhas ofensas assim como eu perdoo a quem me tem ofendido". Que a via de mão dupla do perdão se propague e me torne livre para percorrer novos caminhos de paz!

*Rezar um Pai-Nosso e uma Ave-Maria.*

Peço isso, ó Mãe, em nome do Pai, do Filho e do Espírito Santo. Amém.

### 6. *Para mudar a vida*

Já me sinto vazio das impurezas emocionais acumuladas. Elas se foram com o perdão que me toma os sentidos e se manifesta em uma fala mais mansa, em um olhar sereno, no sorriso sincero que agora trago. Percebo com clareza a experiência de São Francisco de Assis, em sua universal oração, quando afirma que "é perdoando que se é perdoado". Sou duplamente abençoado, porque perdoo e sou perdoado instantaneamente.

Comprometo-me a fazer, permanentemente, uma autocrítica madura e rever meus erros para não mais cometê-los. Também em relação aos outros me permitirei ser mais brando, não julgar. Não me omitirei diante do pecado, mas saberei ter ternura para enfrentá-lo e desarmá-lo.

# HUMILDADE

## *I. Saudação*

Hoje é dia de Deus em minha vida! O Deus que para se revelar ao mundo o fez por meio de um humilde carpinteiro! Em uma família simples, mas amorosa, Jesus foi criado com atenção e carinho. A humildade é o ninho que Deus preparou para seu próprio Filho.

Hoje me visto em sacos, despindo-me das vestes do orgulho e da vaidade! Deus está no comando de minha vida e passo a caminhar com a tranquilidade dos humildes. Enxergo meu real tamanho, pequeno diante do mundo, mas grande no carinho do Pai. Ser filho de Deus me redime da soberba e me livra! Só nele há grandeza absoluta.

Os sucessos da vida são efêmeros. Busco aqueles que representam os bons valores, mas não me vanglorio, nem me envaideço com eles.

Aceito-os com a dádiva de meu compromisso com o Altíssimo. Todos os acontecimentos têm seu sentido e seu encanto. Sua ocorrência em minha vida só tem sentido quando testemunho a presença de Deus em cada vitória. Ser humilde me permite sonhar com grandes conquistas, abençoadas e dimensionadas na perspectiva correta. Dou graças por isso ser assim!

## 2. *Meditação (Pr 15,28-33)*

O coração do justo reflete antes de responder, mas a boca dos maus jorra maldades. O Senhor está longe dos ímpios, mas escuta a oração dos justos. Um olhar luminoso alegra o coração; uma boa notícia fortalece os ossos. O ouvido que escuta uma repreensão salutar terá sua morada no meio dos sábios. Quem recusa a correção despreza a si mesmo, quem escuta a repreensão adquire entendimento. O temor do Senhor é escola de sabedoria; antes da glória está a humildade.

"Antes da glória está a humildade." Na relação entre o homem e Deus é essencial que se reconheça a necessidade de sua presença em uma vida emocionalmente saudável. Para estarmos "re-ligados" ao Criador é imperioso que confessemos nossa insuficiência. Precisamos de Deus, queremos reencontrá-lo, e esta busca só é possível quando o coração está puro e humilde.

Humildade é a chave para o reencontro. O ser autossuficiente não precisa de Deus, seu orgulho lhe dá a impressão de que tem o domínio da vida e dos acontecimentos. A soberba cega e a vaidade levam com frequência ao ridículo. Devemos abandonar todos os resquícios desses vícios e viver de forma mais pacífica e satisfeita.

### *3. Leitura (Fl 2,1-5)*

Então eu vos conjuro, por tudo que pode haver de consolação em Cristo, de conforto no amor, de comunhão no espírito, de ternura e compaixão:

completai minha alegria, tendo todos um mesmo modo de pensar, um só amor, uma só alma, um só sentimento. Não façais nada por competição e vaidade. Antes, com humildade, cada um considere os outros como superiores a si, sem procurar seu próprio interesse, mas o dos outros. Tende em vós os mesmos sentimentos de Cristo Jesus.

"Não façais nada por competição e vaidade, mas com humildade." Ser humilde não significa não fazer nada, nem deixar de ter propósitos. Ao contrário, a humildade nos habilita para propósitos novos e para aprender, a cada dia, a viver coisas novas e a lutar por um mundo melhor. Mas as realizações não devem ser buscadas por espírito de competição ou por vaidade, mas por amor a Deus. As escolhas dos objetivos devem obedecer aos valores mais importantes da vida, e sua conquista deve ser obtida de forma ética e transparente.

Outro ponto fundamental: quando renuncio ao egoísmo consigo respirar um ar mais puro, porque perco a agonia de vencer a qualquer preço. Ser humilde me tira a ânsia de se estar sempre em evidência, além de evitar que vivamos substituindo insaciavelmente um objetivo por outro, em um módulo perpétuo de insatisfação. A humildade nos permite usufruir cada vitória e saborear tudo o que Deus nos provê.

### *4. Evangelho (Lc 1,41-49)*

Logo que Isabel ouviu a saudação de Maria, o menino saltou em seu seio, e Isabel ficou cheia do Espírito Santo e exclamou em alta voz: "Tu és bendita entre as mulheres e bendito é o fruto de teu ventre! Como me é dado que venha a mim a mãe de meu Senhor? Pois assim que chegou a meus ouvidos a voz de tua saudação, o menino saltou de alegria em meu seio. Bem-aventurada aquela que acreditou que se cumpriria o que lhe foi dito da parte do Senhor!" Disse então Maria: "Minha alma engrandece o Senhor e meu espírito se alegra em Deus, meu Salvador, porque Ele olhou para sua humilde serva; pois daqui em diante todas as gerações proclamarão que sou feliz! Porque o Todo-Poderoso fez por mim grandes coisas e santo é seu nome".

"Porque Ele olhou para sua humilde serva." O plano de Deus passou por uma humilde moça, que recebeu a incumbência de ser a mãe de Jesus, renunciando a vida normal para abraçar uma revolucionária proposta. Receber as missões que vêm do alto é sinal de profunda humildade. E nós, como reagimos quando o destino nos leva a uma situação inusitada, na qual nos colocamos diante de um dilema entre fazer algo importante e desafiador ou permanecer em nossa zona de conforto?

Nossa tendência é a acomodação. Mas Nossa Senhora fez-se humilde para ser a mãe de Jesus, mesmo que isso tenha significado um destino jamais imaginado e com uma boa dose de sacrifício pessoal. São José também abriu mão de seus interesses mais lógicos, para criar e proteger o Menino. Podemos nós também ter uma boa disposição para as missões que Deus nos reserva, aderindo a seu projeto com alegria e entusiasmo. Seguindo nosso coração perceberemos o chamado.

### 5. *Prece*

Nossa Senhora de Nazaré! Mãe voluntária de Jesus! Peço sua intercessão para a concessão de uma graça especial: que eu possa mergulhar na humildade e absorver as qualidades libertadoras deste sentimento! Que minha fome de sucesso seja substituída por uma fome de Eucaristia, do encontro com Cristo. Que meus objetivos sejam escolhidos com sabedoria para agradar a Deus! Que minhas conquistas possam ser saboreadas calmamente com a satisfação serena de ter cumprido uma missão divina!

*Rezar um Pai-Nosso e uma Ave-Maria.*

Peço isso, ó Mãe, em nome do Pai, do Filho e do Espírito Santo. Amém.

### *6. Para mudar a vida*

Renasço na humildade. Torno-me agora outra pessoa, mais amável e bonita, porque retiro-me do olho do furacão. Ser humilde me dá mais tempo e condições de contemplar a realidade e dela usufruir, como filho de Deus. Posso abrir mão de meus fardos da vaidade e me torno mais ágil. Sinto-me vivo, na essência da palavra, pronto para desafios que realmente sejam bons aos olhos de Deus.

A humildade é cultivável. Cresce e aparece quando se rega e cultiva. Posso me policiar para impedir que a vaidade assuma o comando e me comprometo a viver o presente de forma prazerosa, satisfazendo-me com o que já possuo. Sou grato por isso. Agradecer é ser humilde.

# 5º Dia

# CARIDADE

### I. Saudação

Hoje é dia de Deus em minha vida! O pilar da fé católica é a caridade. Ela surge da atitude de amar o próximo como a mim mesmo: fazer por ele o que eu gostaria que se fizesse por mim. Quando me coloco em seu lugar, sinto qual é o caminho certo a ser seguido. Hoje me coloco no lugar de meu próximo e enxergo suas dificuldades e obstáculos. Vejo o mundo com seus olhos e pressinto seus sentimentos. Solidarizo-me com ele, comungo de suas preocupações e percebo sua luta. Ao me investir na vida do outro, desenvolvo a capacidade de ter paciência com ele, porque o compreendo finalmente.

A caridade me permite ser gracioso, doar-me, sentir-me útil. Leva-me a um paraíso de paz e amor. Abre as portas das atitudes necessárias ao mundo e me dá oportunidade de não me omitir. Caridade é ação. Ação justa, renovadora de meu espírito.

Todas as oportunidades de ser generoso agora se mostram claramente diante de meus olhos. Aproveito todas as chances de ser amável, cortês e solidário. Deus me permite sentir quando e como ser útil e transformar o mundo, com um pequeno gesto. Em sua infinita bondade, permite-me transformar a mim mesmo para que eu seja, integralmente, a mudança que o mundo precisa. Dou graças por isso ser assim!

## 2. *Meditação (Pr 10,8-13)*

O sábio de coração aceita os mandamentos, mas quem tem lábios insensatos vai para a ruína. Quem caminha na integridade anda seguro, quem segue caminhos tortuosos será descoberto. Quem acena com os olhos causa sofrimento, mas quem repreende francamente promove a paz. Fonte de vida é a boca do justo, mas a boca dos ímpios esconde violência. O ódio provoca litígios, mas o amor recobre todas as faltas. Nos lábios do entendido se encontra a sabedoria, mas a vara é para o dorso do insensato.

"O ódio provoca litígios, mas o amor recobre todas as faltas." A opção pela caridade está sempre presente e desarma as estratégias do inimigo. Enquanto as vinganças e o medo impelem o ser humano para a contenda, o amor contido em um ato de caridade cria uma centelha divina de reconciliação e paz. Só há verdadeira paz de espírito quando a caridade é um costume do cristão.

Todos os dias temos oportunidade de fazer esse contato com Deus dentro de nós: a caridade em exercício é a chave para vencer o pecado, o equívoco. Quando agimos com caridade estamos deixando Deus nos levar a uma aventura maravilhosa, pela qual nossa existência passa a ter um especial significado. A vida vale a pena, quando vivida com caridade.

### 3. *Leitura (Cor 13,1-5)*

Se eu falo as línguas dos homens e dos anjos, mas não tenho amor, sou como o bronze que soa ou o címbalo que retine. Se eu tenho o dom da profecia e conheço todos os mistérios e toda a ciência, se eu tenho toda a fé, a ponto de transportar montanhas, mas não tenho amor, nada sou. Se eu distribuo todos os meus bens e se entrego meu corpo para ser queimado, mas não tenho amor, de nada me serve. O amor é paciente; o amor presta serviço; o amor é sem inveja; não se vangloria, nem se incha de orgulho. Não age com baixeza, não é interesseiro; não se irrita, não leva em conta o mal recebido.

"Se eu distribuo todos os meus bens e se entrego meu corpo para ser queimado, mas não tenho amor, de nada me serve." A caridade é o amor em exercício. Não visa à indulgência, nem aos benefícios. Ela se basta.

Existe e deve ser vivenciada pelo prazer de nossas existências terem, enfim, uma utilidade. Servimos para a vida, porque o amor brota de nossas ações e se transforma em coisas concretas. Transformo o mundo para melhor por meio desses atos e, ao mesmo tempo, sinto mais amor.

É a mística do amor vivido: gesto de carinho e acolhimento que, quando feito com sinceridade, gera mais amor e contentamento. O que importa: o ato de amor ou o amor que criou o ato? É o amor que é fator de salvação. O ato de amor é sua consequência automática, que espontaneamente surge dos que o sentem.

### *4. Evangelho (Mt 6,1-4)*

Disse Jesus: "Cuidado para não praticardes vossas boas obras na frente dos outros, para serdes admirados por eles. Agindo assim, não recebereis a recompensa de vosso Pai que está nos céus. Portanto, ao dares esmola, não toques a trombeta a tua frente, como fazem os hipócritas nas sinagogas e nas ruas, para serem elogiados pelos outros. Em verdade vos digo: eles já receberam o que deviam receber. Tu, ao contrário, ao dares esmola, não deixes tua mão esquerda saber o que a direita faz, para que tua esmola se faça em segredo, e teu Pai, que conhece todo segredo, dar-te-á a recompensa".

"E teu Pai, que conhece todo segredo, dar-te-á a recompensa." É importante renunciar-se à falsa caridade, que se faz por vaidade ou para se conseguir alguma vantagem futura, terrena ou celeste. Quando fazemos algo para obter uma vantagem, na verdade, estamos realizando um negócio, um investimento. Se um gesto aparentemente bom serve para a promoção pessoal ou para agradar ao julgamento alheio, isso não é caridade cristã.

Mas a porta está aberta pelo próprio Cristo: quando o gesto fraterno nasce no coração do cristão a recompensa pública é dada pela maior autoridade: Deus, que vê o ato e o sentimento, derrama suas bênçãos aos que agem por amor. Essa certeza transforma a caridade em uma oportunidade de comunhão do homem com o projeto maior do Criador. Podemos ser seus parceiros na construção de um mundo melhor.

### 5. Prece

Nossa Senhora de Fátima! Mãe caridosa de Jesus! Peço sua intercessão para a concessão de uma graça especial: que eu possa hoje enxergar todas as oportunidades de fazer o bem a meu próximo! Que minha caridade seja fruto de um amor pleno, sentido em meu coração como um encontro especial com Cristo. Que sua bondade para com os homens possa ser minha inspiração no dia a dia! Que meus gestos possam testemunhar um amor desinteressado em recompensas mundanas e mudar para melhor a vida das pessoas!

*Rezar um Pai-Nosso e uma Ave-Maria.*

Peço isso, ó Mãe, em nome do Pai, do Filho e do Espírito Santo. Amém.

### *6. Para mudar a vida*

A caridade me faz amar mais a mim mesmo. Tem um efeito multiplicador de amor, formando uma grande corrente do bem. Sua existência em minha vida transforma a vida de meu próximo, sobretudo me dá um sentido mais lógico e sereno para viver. Amo, logo existo.

Livro-me agora das falsas caridades, da vaidade desmedida que corrompeu meus gestos no passado. Olho para o mundo com um olhar mais leve, sem reprovação dos outros, sem julgamentos desnecessários, porque esta nova forma de ver me permite compreender o outro e a ter paciência. Minha doação não é mais uma doação do que me sobra, mas a doação do melhor que existe em mim.

6º DIA

# TALENTO

### I. Saudação

Hoje é dia de Deus em minha vida! Fico em silêncio reverencial para me concentrar em minhas qualidades. Percebo agora com a máxima clareza que Deus colocou algumas aptidões especiais em minhas mãos. Preciso deixar fluir essa energia criativa para realizar seu plano na terra.

Hoje me permito sentir a profunda alegria de ter talento. Nasci com um dom especial e pretendo dar vazão a uma torrente de coisas novas, exercendo uma profissão ou atividade de forma a criar coisas novas, cuidar das pessoas e do mundo. Meu talento cresce quando o ponho em movimento. O talento é a nota de minha peculiaridade. Sou um filho especial de Deus, porque há coisas que só eu posso fazer de determinado jeito, sendo então uma peça única no grande plano do Criador. Como ser único e incomparável me sinto acolhido no colo desse Pai Adotivo acolhedor e amoroso.

Hoje vou multiplicar meu talento e fazer melhor cada tarefa. Sei que ao colocar minha força de trabalho a serviço do bem, mais talento me será concedido, ampliando minhas possibilidades de ação. Cada dia me sinto melhor, porque minha competência cresce com meus atos, as portas se abrem e eu aproveito intensamente cada oportunidade de evolução. Dou graças por isso ser assim!

## 2. *Meditação (Gn 46,31-34)*

José disse a seus irmãos e à família de seu pai: "Vou avisar o faraó, dizendo: Meus irmãos e a família de meu pai, que estavam na terra de Canaã, vieram para junto de mim. São pastores, possuem animais e trouxeram consigo suas ovelhas, seus bois e tudo o que possuíam. E assim, quando o faraó vos chamar e vos perguntar: 'Qual é vossa profissão?, respondereis: 'Teus servos sempre foram criadores de animais desde a juventude até agora, tanto nós como nossos pais'. Assim podereis morar na região de Gessen, porque os egípcios detestam todos os pastores de ovelhas".

"Qual é vossa profissão?" Há uma missão especial para cada pessoa: achar sua vocação e segui-la de forma honesta e transformadora. Cada um tem uma série de capacidades especiais que podem trazer mais paz e felicidade para o mundo. Cada um pode ser o instrumento da paz de Cristo ao exercer uma atividade ou profissão, com o uso e o aprimoramento contínuo destas capacidades.

Sobre isso que São Francisco de Assis rogou a Deus: "Senhor, fazei-me instrumento da vossa paz". Ao colocarmos nossas aptidões a serviço de Deus, de seu projeto de amor e esperança, estamos nos transformando neste instrumento de paz. Assim, podemos colocar todos os dias os talentos em exercício transformador, trabalhando com empenho e satisfação, porque este é o "nosso negócio" diante do Pai.

### 3. *Leitura (I Cor 7,17-24)*

Fora disso, que cada um continue a viver na condição que o Senhor lhe destinou, tal como o encontrou o chamado de Deus. É isso que prescrevo em todas as Igrejas. Alguém era circuncidado quando foi chamado? Não dissimule a circuncisão. Era incircunciso quando foi chamado? Não se faça circuncidar. A circuncisão não é nada, como tampouco a incircuncisão; o que importa é observar os mandamentos de Deus. Eras escravo quando foste chamado? Não te preocupes. Mesmo se puderes ficar livre, tira proveito de tua condição. Pois quem era escravo, quando foi chamado no Senhor, é um liberto do Senhor; assim também, quem era livre, quando foi chamado, é um escravo de Cristo. Vós fostes comprados por um preço. Não vos torneis escravos dos homens! Irmãos, que cada um permaneça diante de Deus na condição em que estava quando foi chamado.

"Irmãos, que cada um permaneça diante de Deus na condição em que estava quando foi chamado." O talento de cada pessoa é essencial e emana da vontade de Deus. Assim, não há motivo para ansiedade ou receios. Deus capacita os escolhidos com as aptidões necessárias para desempenhar um papel na vida. Cristo escolheu um pescador para ser o primeiro Papa, chefe de sua Igreja. "Pedro, tu és pedra", foi a fórmula pela qual uma pessoa comum teve os talentos revelados pelo próprio Cristo.

Destarte, cada um pode ficar diante de Deus com seus próprios talentos, porque Ele os revela no momento próprio para que a conversão seja plena e para que aquele escolhido possa desempenhar seu trabalho. Quando chegar a hora, nascerá em nosso coração, com clareza, a opção profissional correta, a necessidade de uma nova atividade ou a implementação de um novo projeto. É o chamado.

### *4. Evangelho (Mt 25,24-29)*

Aquele que tinha recebido um talento só disse: 'Senhor, eu sabia que és um homem severo, que colhes onde não semeaste e ajuntas onde não espalhaste. Fiquei com medo e escondi teu talento no chão; aqui está o que é teu!' Respondeu-lhe seu patrão: 'Empregado mau e preguiçoso, sabias que eu colho onde não semeei e ajunto onde não espalhei. Devias, então, ter colocado meu dinheiro no banco, para que assim, ao voltar, eu recebesse com juros o que é meu. Tirai-lhe, pois, seu talento e dai-o àquele que tem dez. Porque a quem tem, será dado mais, e ele terá em abundância. Mas, a quem não tem, será tirado até mesmo o que tem.

"Tirai-lhe, pois, seu talento e dai-o àquele que tem dez." A confiança em Deus nos permite a ousadia. O talento que recebemos é divino e se manifesta por sua graça. Simplesmente ignorá-lo não é a solução mais adequada para a realização da missão pessoal do cristão. Não se pode desperdiçar uma vida sem utilizar este presente que Deus nos deu, privando o mundo de nossas capacidades.

Multiplicar com juros nossos talentos é fazer crescer o que Deus nos deu, na medida em que sejam estes necessários para um mundo melhor. Cada função tem sua dignidade e pode ser exercida de forma produtiva e inovadora. Se colocamos essas capacidades em exercício, acabamos descobrindo outras e ampliando nossa colaboração com a obra.

### 5. Prece

Nossa Senhora da Medalha Milagrosa! Mãe amantíssima de Jesus! Suplico sua intercessão para a concessão de uma graça especial: que meus talentos possam ser descobertos por sua luz resplandecente e que sejam claros para mim! Que as capacidades e aptidões que recebi do Senhor possam ser desenvolvidas, aumentadas, com os juros da graça de Deus! Que eu possa colocar com alegria e determinação todos os meus talentos a serviço da paz e do amor de Cristo!

*Rezar um Pai-Nosso e uma Ave-Maria.*

Peço isso, ó Mãe, em nome do Pai, do Filho e do Espírito Santo. Amém.

### 6. Para mudar a vida

Percebo agora que possuo algo precioso e especial, que é um dom de Deus e que deve ser cultivado para servir a seus propósitos. Minha profissão, minhas atividades sociais e todos os atos de minha vida podem ser especialmente importantes, porque eu exercito os talentos de uma forma peculiar, pessoal, cumprindo uma bela missão.

Devo desenvolver esses dons, acreditar que é possível superar as dificuldades e brindar o mundo com o melhor que há em mim. É imensa minha alegria diante desta descoberta: sou especial para Deus, que me ama particularmente e me guia para seu projeto de salvação e transformação do mundo.

7º dia

# ABUNDÂNCIA

## I. Saudação

Hoje é dia de Deus em minha Vida! Recebo toda a abundância neste dia como um presente generoso para que eu possa viver no mundo como um verdadeiro filho de Deus. Saúdo esta manifestação material das bênçãos que posso tocar e sentir. Deus me unge a cabeça com óleo para que eu me saia bem em todas as lutas justas, para ajudar a transformar o mundo.

Respiro fundo. Sinto que todas as minhas necessidades são supridas, minhas tergiversações sanadas. Caminho com confiança. Estou preparado para receber as bênçãos de Deus e desempenhar meu papel em seu plano! Sinto a alegria contagiante que essa generosidade divina me traz. Recebo mais do que preciso, porque Deus zela pelos meus caminhos, enquanto eu escolho os passos que dou. Meu cálice transborda. Dou graças por tudo ser assim!

## 2. Meditação (Sl 37)

Descansa em Javé e nele espera.
Não te irrites por causa dos que prosperam em seu caminho
e executam seus maus intentos.
Desiste da ira, renuncia ao furor,
não te irrites, o que é de certo um mal.
Pois os malfeitores serão exterminados,
mas herdarão a terra os que esperam em Javé.
Daqui a pouco não existirá o ímpio;
olharás para seu lugar e não o encontrarás.
Mas os humildes herdarão a terra
e gozarão de uma paz imensa.

"Mas os humildes herdarão a terra e gozarão de uma paz imensa." Não é necessária uma personalidade agressiva e competitiva para se ganhar a vida. Ao contrário, ainda que uma falsa sensação de sucesso possa rondar aqueles que assim se comportam, na verdade, a riqueza material e o status adquirido com métodos incorretos são efêmeros e não trazem consigo a paz duradoura. Aliás, é a abundância de bênçãos materiais e imateriais uma consequência da vontade de Deus e do seguimento de seus preceitos. A fórmula dessa conquista é a mansidão, que permitirá que o fruto dos talentos do cristão germine para todos e para ele próprio, por meio de dádivas que superam todas as expectativas.

### *3. Leitura (2Cor 9,5-9)*

Portanto, julguei de meu dever convidar os irmãos a nos precederem no meio de vós e a organizarem de antemão vossa campanha já anunciada, a fim de que ela esteja pronta como uma generosidade e não como uma avareza. Pensai nisto: quem semeia pouco, pouco recolherá; quem semeia com largueza recolherá com largueza. Que cada um dê conforme decidiu em seu coração, não com tristeza ou por obrigação; pois "Deus ama a quem doa com alegria". Aliás, Deus tem o poder de vos enriquecer de toda espécie de graça, de sorte que, tendo sempre o necessário em tudo, possais fazer generosamente toda boa obra, como está escrito: "Distribuiu, deu aos pobres; sua justiça permanece para sempre".

"Deus tem o poder de vos enriquecer de toda espécie de graça, de sorte que, tendo sempre o necessário em tudo, possais fazer generosamente toda boa obra." Uma recompensa pela aceitação da missão cristã: assim é a abundância. Deus nos transborda o cálice e, por isso, desde que creiamos, tudo que pedirmos com fé ser-nos-á dado. A contrapartida é que nossa abundância sirva para que abundem também as boas obras, necessárias para um mundo justo e humanizado.

Uma riqueza material desenraizada dos valores cristãos não contribui para nenhuma melhoria: é a origem do consumismo, uma forma sedutora de egoísmo e avareza. Gratidão e generosidade devem caminhar juntas na vida cristã.

### *4. Evangelho (Mt 6,25-31)*

Disse Jesus: "Não vos preocupeis com o que comereis ou bebereis, nem para vosso corpo, o que vestireis. A vida não vale mais que o alimento, e o corpo não vale mais que a roupa? Olhai as aves do céu: não semeiam nem colhem, nem ajuntam mantimentos no paiol; no entanto, vosso Pai celeste lhes dá o alimento. Será que não valeis mais que elas? Quem de vós é capaz, com suas preocupações, de acrescentar uma hora sequer à duração de sua vida? E por que vos preocupais com a roupa? Olhai os lírios do campo como crescem: não trabalham nem tecem. Entretanto vos digo que nem Salomão, no auge de sua glória, vestiu-se como um deles. Se Deus dá uma roupa destas à relva do campo, que hoje existe e amanhã será jogada ao fogo, quanto mais não fará por vós, gente pobre de fé? Não fiqueis, pois, preocupados, perguntando: Que vamos comer? Que vamos beber? Com que nos vamos vestir?

"Entretanto vos digo que nem Salomão, no auge de sua glória, vestiu-se como um deles." Nenhuma ansiedade, nenhum medo. A promessa de Cristo é vida no coração: as condições de sustentabilidade do cristão são uma dádiva da fé. Acreditar no fluxo de amor e bondade de Deus é a chave para a realização de todas as conquistas. Mas sempre se deve ter em mente que os benefícios trazidos pela fé em Cristo geram um compromisso com a transformação do mundo, com a generosidade e com a caridade. Nós, Filhos adotivos de Deus, recebemos suas graças e o sustento por meio da fé. O trabalho humano, como forma de exercício construtivo dos talentos, abre as portas de realizações incríveis. Os ventos da bonança sopram a favor dos que assimilam e cumprem essas lições de Cristo.

### *5. Prece*

Nossa Senhora das Graças! Mãe generosa de Jesus! Peço sua intercessão para a concessão das condições materiais e imateriais para realizar o plano do criador em minha vida! Que a abundância possa se derramar sobre minha vida, transbordando meu cálice. Que minha visão dessas graças me permitam ser generoso e caridoso! Que minhas conquistas possam ser feitas em nome deste ideal de contribuir para a erradicação da injustiça e da transformação do mundo!

*Rezar um Pai-Nosso e uma Ave-Maria.*

Peço isso, ó Mãe, em nome do Pai, do Filho e do Espírito Santo. Amém.

### *6. Para mudar a vida*

Recupero neste momento minha identidade filial, porque Cristo veio para que tivéssemos vida, e vida em abundância; supero privações, conquisto vitórias importantes e vivo em um patamar de dignidade de filho de Deus. A prosperidade é também um dom de Deus, que pode ser cultivada pela fé, como me ensinou Jesus.

A utilização correta da abundância que me é derramada também está clara: percebo que essa generosidade de Deus deve ser repassada para frente, em atos e obras, para que uma grande corrente de transformação contagie a todos. A generosidade é uma forma de evangelização e, a partir de agora, faço disso um grande propósito.

# SAÚDE

### I. Saudação

Hoje é dia de Deus em minha vida! Recebo este dia com uma saúde de ferro! Abençoado pela fé que remove montanhas, acredito que esta saúde se espalha vigorosamente pelo meu corpo. Sinto o pulsar da vida pela minha respiração profunda, que se apropria desta existência maravilhosa com gratidão! Deus me quer aqui e inteiro para ajudar em seu plano, para tornar-me melhor e, tornando-me melhor, ajudar a transformar o mundo.

Respiro fundo. Sinto a saúde entrando em meus pulmões e me enchendo de energia positiva. Minha alma exulta. Estou recebendo as bênçãos de Deus, livre das limitações antigas, curando cada ferida! Sou são em Cristo! Sinto a alegria eletrizante que esta cura divina me traz. Ele me adotou amorosamente e zela pela minha saúde física e mental, enquanto eu escolho os passos que dou. Dou graças por tudo ser assim!

## 2. Meditação (Pr 16,21-25)

Será chamado inteligente quem é sábio de coração; a linguagem suave aumenta o saber.

Fonte de vida é a prudência para quem a possui, mas o castigo dos tolos é a insensatez.

O coração do sábio torna prudente sua boca e aumenta o saber sobre seus lábios.

Favo de mel são as palavras gentis, doçura para a alma e saúde para o corpo.

Existe caminho que a alguém parece reto, mas desemboca em veredas de morte.

"Favo de mel são as palavras gentis, doçura para a alma e saúde para o corpo."

Reclamar da vida faz mal à saúde. Viver em um ambiente de discórdia e enfrentamento emocional pode significar um decréscimo na qualidade de vida e provocar doenças, conforme já vaticinou a medicina contemporânea. Um cotidiano de aspereza enfraquece a saúde do corpo e da alma, diminui a fé.

Ao contrário, as palavras suaves, o carinho e a concórdia são como bálsamos para o ser humano. Posso escolher ser cordial, ameno, doce e moderado. Posso optar pela via do diálogo construtivo, não crítico. Quando emano palavras delicadas e gestos fraternos, crio um saudável ambiente que atrai compreensão e generosidade, fazendo bem para mim e para todos a meu redor.

### *3. Leitura (At 3,1-9)*

Pedro e João estavam subindo ao templo para a oração das três horas da tarde. Estava sendo levado um aleijado de nascença, que todo dia era colocado à porta do templo, chamada

Formosa, para pedir esmola aos que entravam no templo. Vendo Pedro e João que iam entrar no templo, pediu-lhes esmola. Então Pedro, como também João, fixou nele o olhar e disse: "Olha para nós". Ele mantinha o olhar fixo neles, esperando receber deles alguma coisa. Pedro, porém, disse: "Prata e ouro não tenho, mas o que tenho te dou: em nome de Jesus Cristo, o Nazareno, caminha!" Segurando-o pela mão direita, levantou-o. Na mesma hora os pés e os tornozelos dele se firmaram; de um salto ele se pôs de pé e começou a andar. Entrou com eles no templo, andando, saltando e louvando a Deus. Todo o povo o viu caminhar e louvar a Deus.

"Prata e ouro não tenho, mas o que tenho te dou." Pedro doou sua fé, em nome de Jesus, sendo o instrumento de transformação do mundo, pela restauração da saúde de uma pessoa. Veja que, nesse caso, a dignidade deste que é curado também é resgatada, pois ele estava na condição humilhante de mendigo. Dessa forma, a ação cristã de recuperação da saúde pela fé significa, também, retirar a pessoa de sua submissão.

Em outras palavras, quando somos instrumentos de Deus ajudamos a libertar os oprimidos, promovendo sua humanidade e realçando sua filiação divina. Isso é uma possibilidade para todo aquele que se dispõe a seguir o Cristo: acreditar que é possível mudar o mundo, colaborar para os milagres de Deus, crer no impossível aos olhos dos homens, em nome da generosidade de Jesus.

### *4. Evangelho (Lc 7,2-9)*

Havia um centurião, que tinha um servo que lhe era muito caro e se achava doente, quase morrendo. Tendo ouvido falar de Jesus, o centurião enviou-lhe alguns anciãos dos judeus para lhe pedir que viesse salvar seu servo. Aproximando-se de Jesus, eles lhe suplicavam com insistência, dizendo: "Ele merece mesmo que lhe concedas isto, pois gosta de nosso povo e foi ele que construiu nossa sinagoga". Jesus foi andando com eles. Não estava muito longe da casa, quando o centurião mandou uns amigos lhe dizer: "Senhor, não precisas incomodar-te, porque eu não sou digno de que entres em minha casa; por isso também não me julguei digno de vir ter contigo; mas dize uma só palavra e meu servo será curado. Pois eu, que sou apenas subalterno, tenho soldados a minha disposição e digo a um: 'Vai', e ele vai; e a outro: 'Vem', e ele vem; e a meu escravo: 'Faze isso', e ele faz". Ouvindo isto, Jesus ficou admirado com ele e, voltando-se, disse à multidão que o seguia: "Eu vos digo que nem mesmo em Israel achei uma fé tão grande".

"Eu vos digo que nem mesmo em Israel achei uma fé tão grande." Que tipo de cristão sou? Aquele que, diante da primeira dificuldade da vida, do primeiro abalo, fica prostrado sem fé ou aquele outro que resiste na fé, contra todas as evidências mundanas? Os homens perderam a consciência do poder imenso que a fé em Deus, pelos seus propósitos, tem. Tornaram-se fatalistas impotentes diante de qualquer acontecimento.

Mas há circunstâncias que podem ser mudadas, contra as probabilidades, se a fé for genuína e contundente. Ela é uma produtora de milagres e pode curar enfermidades graves. Somos testemunhas desses milagres todos os dias, mas muitos continuam se comportando como ateus no meio deles. É necessário destampar os olhos e os ouvidos e poder compartilhar dessas maravilhas que a crença na promessa de Jesus produz.

### *5. Prece*

Nossa Senhora Auxiliadora! Mãe amparadora do Menino Jesus! Suplico sua intercessão para a concessão de uma graça muito especial: que minha saúde seja restaurada de todos os males, que minha higidez física e mental sejam testemunhas de minha fé! Que minha boca professe palavras doces e que eu possa ser o mantenedor de um estado de alegria constante do ambiente em que vivo! Que eu consiga ajudar o próximo com minha fé em Jesus, sendo instrumento de seu amor e de seus prodígios!

*Rezar um Pai-Nosso e uma Ave-Maria.*

Peço isso, ó Mãe, em nome do Pai, do Filho e do Espírito Santo. Amém.

### *6. Para mudar a vida*

Sinto-me melhor do que nunca. O ar, que eu respiro, traz a vida em abundância que Jesus prometeu, enchendo meus pulmões, artérias, órgãos e tecidos de uma luz radiante que os restaura e aquece. Sinto a fragrância suave deste carinho e creio e profundamente em seu poder transformador.

Receber tal bênção me faz querer ser um multiplicador desse dom, pela fé em Deus, de poder colaborar com a cura, o conforto e a dignidade plena de meus irmãos, que também precisam ser tocados pelo sopro reconfortante de um Pai amoroso e milagroso. Sou esse instrumento de saúde e paz.

poder colaborar com a cura, o conforto, e a dignidade plena de meus irmãos, que também precisam ser tocados pelo sopro reconfortante de um Pai amoroso e milagroso. Sou esse instrumento de saúde e paz.

## 9º DIA

# AMOR

### *I. Saudação*

Hoje é dia de Deus em minha vida! Recebo este dia com uma dádiva, uma joia rara, para que eu possa dar mais um passo na direção da paz e do amor. Saúdo o amor de Deus por mim com gratidão! Deus me ama e me escolheu para que eu possa me aprofundar na fé, tornar-me melhor e, tornando-me melhor, ajudar a transformar o mundo.

Respiro fundo. Sinto seu amor entrando em minha vida, corrigindo carinhosamente os rumos, apontando com seguranças as atitudes certas. Sorrio com confiança. Estou preparado para receber as bênçãos de Deus e desempenhar meu papel em seu plano!

Sinto o amor acolhedor e infinito que essa filiação divina me traz. Ele me adotou definitivamente e zela pelos meus caminhos, enquanto eu escolho os passos que dou. Dou graças por tudo ser assim!

## 2. *Meditação (Sl 25)*

O Senhor guia os humildes na justiça, aos pobres ensina seu caminho.

Todas as veredas de Javé são amor e verdade para quem observa sua aliança e seus preceitos.

Javé, por causa de vosso nome, perdoai meu pecado, que é grande.

Qual é o homem que teme a Javé?

Ele lhe indicará o caminho que deve escolher.

Sua alma gozará de bem-estar, sua descendência possuirá a terra.

A amizade de Javé é para os que o temem, dá-lhes a conhecer sua aliança.

"Sua alma pousará no bem, e sua semente herdará a terra." Encerramos hoje nossa novena com o tema amor. Trata-se do sentimento máximo do cristão, alvo de todos os esforços e carecedor de toda a atenção. O amor é a grande aliança com Deus e nutre todos os valores importantes: caridade, generosidade, fraternidade, fidelidade e tantos outros, que só são possíveis ao que ama.

Deus é o amor em essência. Há um compromisso do cristão com este sentimento; o amor a Deus e ao próximo, que também é templo de Deus, permitirá que nossa alma tenha a paz completa e que nossas sementes possam germinar pelo mundo todo em sucessivas manifestações de amor.

### *3. Leitura (1Jo 4,7-10)*

Caríssimos, amemo-nos uns aos outros, porque o amor vem de Deus. Todo aquele que ama nasceu de Deus e conhece a Deus. Mas quem não ama não conheceu a Deus, porque Deus é amor. Foi assim que se mostrou o amor de Deus para conosco: ele enviou ao mundo seu Filho único, para que tivéssemos a vida por meio dele. Nisto consiste o amor: não fomos nós que amamos a Deus, mas foi ele que nos amou e nos enviou seu Filho como vítima de expiação por nossos pecados.

"Quem não ama não conheceu a Deus, porque Deus é amor." Só há conversão real quando a vida do convertido passa a ser guiada pelo amor. O mundo nos puxa a desavenças, abrindo espaço para que a agressividade e a competição desmedidas se apoderem de nosso modo de viver. Mas este mundo pode ser vencido e transformado a partir do império do amor. Não basta falar dele, é necessário vivê-lo intensamente, de maneira que ele se introduza no modo de ser do cristão.

Diante das tentações, tantas, sabemos que não é fácil estar no mundo sem se contaminar com esses sentimentos nocivos, como a fofoca e a inveja. Mas a resposta de Deus é poderosa e, ao mesmo, tempo simples: o amor vence o medo. Sem medo não precisamos atacar ou nos defender com violência.

Podemos ser absolutamente livres, imunes às provocações externas, porque o amor transforma tudo e nos prepara para a grande comunhão com o Criador.

## *4. Evangelho (Jo 15,5-9)*

Disse Jesus: "Eu sou a videira e vós os ramos. Quem permanece em mim e eu nele, esse dá muitos frutos, porque sem mim nada podeis fazer. Se alguém não permanece em mim, será lançado fora como o ramo, e ele seca. Os ramos secos são recolhidos e lançados ao fogo para se queimarem. Se permanecerdes em mim, e minhas palavras permanecerem em vós, pedi o que quiserdes, e vos será feito. Nisto é glorificado meu Pai: que deis muito fruto e vos torneis meus discípulos. Como o Pai me amou, assim também vos amei. Permanecei em meu amor".

"Como o Pai me amou, assim também vos amei. Permanecei em meu amor." É um convite e uma promessa: permanecei no meu amor. Amor da doação total, da entrega da vida. Podemos entregar nossa vida ao amor? Renunciamos aos outros paradigmas e vemos a realidade com os olhos do amor? Escolhemos nossos passos com base exclusiva no amor? Ou estamos muito ocupados com nossos afazeres em busca de outros sentidos para a existência?

Amar como Jesus amou! Eis o desafio de todo dia e, por outro lado, a solução para toda a dúvida. A cada decisão, da mais banal a mais importante, escolher a atitude de mais amor! A cada passo, demonstrar o compromisso com a causa do Cristo amoroso na transformação do mundo pela fé e pela caridade. O amor é a única bússola.

### *5. Prece*

Nossa Senhora Desatadora dos Nós! Mãe destemida de Jesus! Suplico sua intercessão para a concessão de uma graça muito especial: que o amor de Jesus se derrame em minha alma, inundando meus sentidos e me transformando em alguém que vive em comunhão com Deus! Que a generosidade e a compaixão dominem meus pensamentos e que só o que há de bom habite minha mente! Que o amor de Jesus possa ser percebido em cada ato e palavra de minha vida!

*Rezar um Pai-Nosso e uma Ave-Maria.*

Peço isso, ó Mãe, em nome do Pai, do Filho e do Espírito Santo. Amém.

### *6. Para mudar a vida*

Vivo o amor de forma plena. Ele impregna meus pensamentos e nutre minhas ações. Permite-me enxergar retamente as coisas, a gostar de mim, adorar a Deus e amar o próximo. Permaneço no amor de Cristo e recebo as bênçãos de suas promessas: amo e sou amado, crio um estado de amor latente, que me transfigura.

Acredito no milagre do amor, que vence diferenças, espalha a paz, reforma os equívocos. Amor perdoa e produz novos relacionamentos, mais saudáveis e verdadeiros. O amor cura os corações e mentes e neste momento se opera em mim a grande transformação abençoada, que Jesus deseja para cada pessoa. Vivo o amor. Sou o amor em exercício.

# PARA TRANSFORMAR A VIDA

Chegamos ao fim desses nove dias de meditação e oração. Com o espírito renovado na fé, podemos traduzir em ações concretas nossos desejos de vivenciar os propósitos aqui analisados durante a novena.

Por isso é muito importante que estes pequenos passos finais sejam dados, para materializar definitivamente as mudanças que a fé produzirá em sua vida. Esses passos têm como objetivo traduzir para a vida prática do cristão todos os valores que foram celebrados nesses nove dias. Torná-los reais e palpáveis para que sua atitude no dia a dia possa ser nutrida por todos eles.

Dessa maneira, seguem abaixo alguns espaços para serem preenchidos com a indicação dos passos a serem dados por você, que se dedicou a esta novena. É fundamental que sejam, neste momento, pequenos atos plausíveis, a seu alcance, para aderir a um novo modo de vida. Depois, com a assimilação destes, coisas mais ousadas poderão ser sonhadas e obtidas pela fé.

O que aqui for escrito pode ser relido todas as semanas, como uma forma de renovação dos compromissos e de meditação sobre estes valores fundamentais. Aliás, sempre que desejar você pode voltar aos capítulos da novena, independentemente de estar rezando na ordem prescrita, para se aprofundar sobre algum tema que tenha interesse. Cada um faz seu caminho a partir do livre arbítrio e sabe a necessidade que realmente tem.

Agora, você é o autor, e a obra é sua própria vida. Sugiro que você descreva agora três pequenos passos para mudanças em seu comportamento, forma de pensar, agir ou falar que afetem suas relações e realizações. A cada valor, três passinhos, sob a inspiração de Nossa Senhora. Escreva:

Três pequenos passos para cultivar a **alegria** em minha vida:

1.

2.

3.

Três pequenos passos para cultivar a **segurança** em minha vida:

1.

2.

3.

Três pequenos passos para cultivar o **perdão** em minha vida:

1.

2.

3.

Três pequenos passos para cultivar a **humildade** em minha vida:

1.

2.

3.

Três pequenos passos para cultivar a **caridade** em minha vida:

1.

2.

3.

Três pequenos passos para cultivar **talento** em minha vida:

1.

2.

3.

Três pequenos passos para cultivar a **abundância** em minha vida:

1.

2.

3.

Três pequenos passos para cultivar **saúde** em minha vida:

1.

2.

3.

Três pequenos passos para cultivar o **amor** em minha vida:

1.

2.

3.

Lembre-se sempre das palavras do poeta Mário Quintana:

"Os passos fazem o caminho!"

# Oração de São Francisco de Assis

Senhor, fazei-me instrumento de vossa paz.
Onde houver ódio, que eu leve o amor.
Onde houver ofensa, que eu leve o perdão.
Onde houver discórdia, que eu leve a união.
Onde houver dúvida, que eu leve a fé.
Onde houver erro, que eu leve a verdade.
Onde houver desespero, que eu leve a esperança.
Onde houver tristeza, que eu leve a alegria.
Onde houver trevas, que eu leve a luz.
Ó Mestre, fazei que eu procure mais:
consolar, que ser consolado;
compreender, que ser compreendido.
Amar, que ser amado.
Pois é dando que se recebe.
É perdoando que se é perdoado.
E é morrendo que se vive para a vida eterna.
Amém.

# SOBRE O AUTOR

Sávio Bittencourt é escritor. Nasceu em Niterói--RJ, em 1966. É Procurador de Justiça da Infância e Juventude do Ministério Público do Estado do Rio de Janeiro (MPRJ) e Professor da Escola Brasileira de Administração Pública e Privada da Fundação Getúlio Vargas (FGV/EBAPE). Leciona, ainda, na Escola da Magistratura do Estado do Rio de Janeiro (EMERJ) e na Fundação Escola do Ministério Público do Estado do Rio de Janeiro (FEMPERJ). Graduado em Direito pela Universidade Federal Fluminense (UFF) e em Filosofia pela Universidade do Sul de Santa Catarina (UNISUL), Mestre em História Social pela Universidade Severino Sombra (USS) e Doutor em Geografia pela Universidade Federal do Rio de Janeiro (UFRJ). Autor dos livros "A revolução do afeto" (Editora Santuário), "Guia do pai adotivo" (Editora Juruá), "A nova lei de adoção" (Editora Lumen Jures), "Nino e a casa dos meninos invisíveis" (SRB Estudos) e "Historinhas para ler no avião, deitado numa rede ou em outro lugar qualquer" (Editora Chiado). Fundador do Grupo de Apoio à Adoção quintal da Casa de Ana. Casado desde 1991 com Bárbara Toledo, pai de cinco filhos: João Renato, Ana Laura, Pedro Gabriel, Maria Rafaela e Maria Fernanda.

# Índice

Este livro foi composto com as famílias tipográficas Gill Sans MT e Calibri e impresso em papel Offset 63g/m² pela **Gráfica Santuário.**